# Garnituren aus der Küche –
für kalte Platten, Teller, für das Büfett und vieles mehr

# Garnituren aus der Küche –
## für kalte Platten, Teller, für das Büfett und vieles mehr

# Vorwort

Seit jeher wurden und werden dekorierte Nahrungsmittel und fantasievoll gestaltete Speisen für Feste und zu besonderen Anlässen verwendet.

Auch die Kunst, Speisen wirkungsvoll anzurichten, sodass ein feines Essen nicht nur den Gaumen, sondern auch das Auge erfreut, wird seit Jahrhunderten gepflegt.

Je nach Anlass können Sie einzelne Früchte dekorativ verzieren, ausschneiden oder formen oder aus vielen Gemüsesorten dekorative Elemente gestalten.

Wem der Gemüse- oder Früchtegeist noch kein Begriff ist, der sollte ihn ganz schnell nachmachen. Er ist bestimmt die Attraktion eines jeden Büfetts.

Und so gehts:

Eine Honigmelone dient als Stirn, kleine Bohnen bilden die Augen, zwei Brombeeren werden als Pupillen eingesetzt, eine Knoblauchknolle mit Wurzeln bildet die Nase und die Augenbrauen, zwei Pfirsiche die Wangen, zwei Peperoni den Schnurrbart und eine Fleischtomate den Mund. Rettiche oder Chicoreéstauden bilden den Hals und wer möchte, kann Litschis in der Schale als Bart auflegen.

Dieses Gesicht wird nun mit beliebigen Obst- und Gemüsesorten umlegt, z. B. mit Radieschen, Brokkoli, Blumenkohl, Champignons, Zitronen, Weintrauben und natürlich frischen Kräutern.

Leider ist es auch heute noch in der Gastronomie vielerorts üblich, alle möglichen Dinge zusammen auf eine Platte oder einen Teller zu schmeißen und diese Platte oder den Teller dann mit übermäßigen Garnituren zu überladen. Lassen Sie sich davon nicht beeinflussen, denn das Motto heißt: „Weniger ist mehr." Lassen Sie in erster Linie das Material, das Sie verwenden, wirken. Garnieren und verzieren Sie nur, wenn es unbedingt nötig ist. Sie sollten für die Garnituren grundsätzlich nur Lebensmittel verwenden. Schleifen, Bänder oder anderer Papiertand haben auf einer Platte oder auf einem Teller nichts verloren. In unserer Küche werden auch keine Schirmchen oder Plastikspießchen verwendet, genauso wenig fette Mayonnaise oder das früher so gerne verwendete Blattgold. Heute soll Ihre Platte oder Ihr Teller nüchtern, exakt und produktbezogen wirken und nicht totgarniert werden.

In unserem Buch finden Sie eine reich bebilderte Vielzahl von Dekorationen mit Lebensmitteln, die Schritt für Schritt beschrieben werden. Sie eignen sich nicht nur für Pikantes und Deftiges, sondern helfen auch Kuchen, Torten und Süßspeisen fantasievoll zu garnieren.

Auch hier gilt: „Es ist noch kein Meister vom Himmel gefallen" und „Ohne Fleiß kein Preis!". Doch all die Mühe ist schnell vergessen, wenn man in die strahlenden Augen der Gäste schaut und darin die Anerkennung und Begeisterung sieht.

Auch in unserer schnelllebigen Zeit sollten Sie kleine und große Feste mit viel Liebe zum Detail vorbereiten. Ihre Familie und Ihre Gäste werden es Ihnen sicher danken und noch lange in Erinnerungen daran schwelgen.

Lassen Sie sich also von unseren Ideen anregen, verwöhnen Sie Ihre Lieben mit hübsch garnierten Speisen und genießen Sie auch mit dem Auge!

In diesem Sinne wünschen wir Ihnen viel Spaß beim Nachmachen und Selbstkreieren.

Ihre Redaktion

# Einleitung

Leider ist es auch heute noch vielerorts üblich, alles auf eine Platte oder einen Teller zu schmeißen und dann auch noch mit übermäßigen Garnituren zu überladen. Unser Motto heißt: „Weniger ist mehr." Lassen Sie in erster Linie das Material, das Sie verwenden, wirken. Garnieren und verzieren Sie nur, wenn es unbedingt nötig ist. Und Sie sollten für die Garnituren grundsätzlich nur Lebensmittel verwenden.

*Tomatenkäfer*
*(Seite 18)*

*Karottenbuchstaben*
*(Seite 30)*

*Mäuschen*
*(Seite 36)*

## Das Werkzeug

Wer sich schon einmal mit dem Thema „Garnieren und Verzieren" beschäftigt hat, weiß, wie viele Möglichkeiten es gibt, aus den unterschiedlichsten Nahrungsmitteln die herrlichsten Gebilde zu schaffen. Dazu ist es sehr nützlich, auch das richtige „Werkzeug" zur Hand zu haben, denn der Erfolg der ganzen Arbeit hängt davon ab, ob die Einzelteile formschön gestaltet und sauber geschnitten sind.

Messer sind wohl das wichtigste Werkzeug, wenn es darum geht, beispielsweise eine Tomate in ein Körbchen oder eine Zitrone in ein Schweinchen zu „verwandeln". Gute Messer sind nicht gerade billig, aber die Anschaffung lohnt sich.

Bei guten Messern hält der Schliff länger und mit etwas Pflege können Sie ein Leben lang damit arbeiten. Gute Messer haben zwei Eigenschaften: Sie sind elastisch und sie halten den Schnitt. Die Elastizität ist wichtig, um Unfälle zu vermeiden. Starre Messer springen bei seitlicher Belastung schnell vom Schnittgut ab und können so böse Schnittverletzungen verursachen.

Lassen Sie sich beim Messerkauf auch beraten, welcher Griff für Sie am besten geeignet ist – und wenn Sie ein „persönliches" Messer besitzen, geben Sie es nie aus der Hand! Jeder Koch führt das Messer anders, was auch die Schnittfläche anders belastet. Wenn nun mehrere Personen das gleiche Messer benutzen, wird es sehr schnell stumpf.

Grundsätzlich sollte jedes Messer vor dem Gebrauch mit dem Wetzstahl abgezogen werden. Dabei ist es wichtig, die Klinge flach am Stahl entlangzuziehen. Halten Sie es zu schräg, wird es sofort stumpf. Ideal ist es, wenn Sie Ihre Messer in einem Messerblock aufbewahren, sodass sie nicht miteinander in Berührung kommen.

Beschäftigen Sie sich oft mit dem Thema „Garnieren und Verzieren"? Dann sollten Sie die kleinen Helfer aus unserer Tabelle in Ihrem Haushalt haben.

Wetzstahl
Gemüsemesser in verschiedenen Größen (8 und 10 cm Klingenlänge)
Buntschneidemesser
Julienneschneider
Kartoffelschäler
Apfelausstecher
verschiedene Raspeln
Eierschneider für Scheiben und Achtel
Kugelausstecher in verschiedenen Größen
Dressiermesser und Paletten
Modellierwerkzeuge
Zitruspresse, Messbecher
Teigschaber, Spritzbeutel mit verschiedenen Tüllen
Pinsel in verschiedenen Größen
verschiedene Siebe
Wiegemesser, Schüsseln in verschiedenen Größen
Holzstäbchen in unterschiedlichen Längen und Stärken
Cocktailspieße
Holz- oder Linolschnittmesser
Ausstechformen

## Hauptzutaten für die Dekoration

### Käse

Käse bildet in seinen verschiedenen Formen und Farben immer einen guten Blickfang. Mit etwas Geschick lassen sich aus ihm ganze Landschaften aufbauen, besonders in Verbindung mit Obst, Gemüse und frischen Gewürzblättern. Aus einem Stück Parmesankäse kann beispielsweise ein Gebirge entstehen, Käsesorten, die sich gut schneiden lassen, werden geschichtet, gerollt oder ausgestochen und mit Obst, Gemüsestückchen und Kräuterzweigen garniert.

### Frischkäse

Frischkäse kann süß, sauer, scharf und würzig angemacht und mithilfe eines Spritzbeutels in leere Walnussschalen oder Pralinenförmchen dressiert werden. Der eigenen Fantasie sind da keine Grenzen gesetzt.

### Butter

Butter muss nicht als Block auf den Tisch kommen, wie wir ihn aus der Verpackung holen. Mit einigen Handgriffen können wir sie zu Röllchen, Kugeln oder sonstigen Gebilden formen, aber auch mit verschiedenen Gewürzen abschmecken, weich in einen Spritzbeutel füllen und portionsweise in Pralinenförmchen oder auf Teller spritzen. Mit Kräutern, Senf oder Sardellenpaste lassen sich feinste Buttermischungen zaubern, die auch das Auge erfreuen.

### Brot

Brot ist zwar in erster Linie dazu da, den Hunger zu stillen, aber wer sagt denn, dass das immer nur in ganzen Scheiben geschehen muss? Wer Gäste erwartet und vielleicht ein kaltes Büfett aufgebaut hat, der stellt nicht einfach ein Körbchen mit Brotscheiben dazu, nein, der lässt sich etwas Besonderes einfallen.

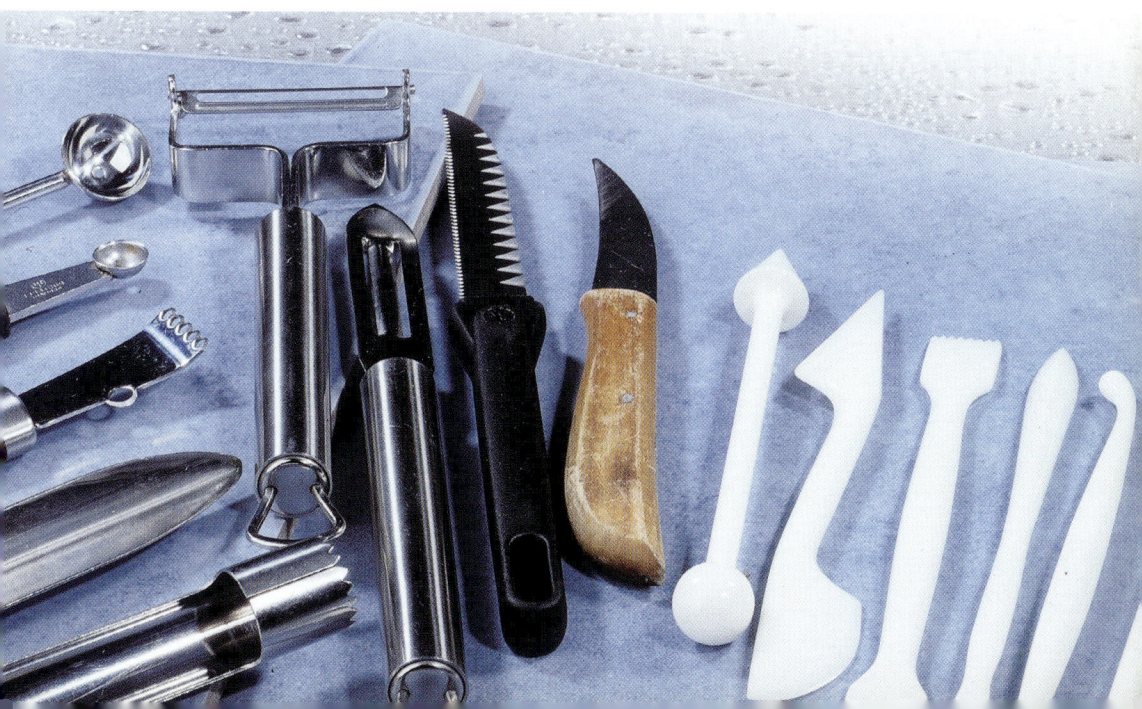

*Lauchmännchen*
*(Seite 39)*

*Bunter Apfelvogel*
*(Seite 46)*

*Zitronenstern*
*(Seite 51)*

*Ananasschiffchen*
*(Seite 58)*

Die einfachste Möglichkeit ist wohl, die Brotscheiben in verschiedenen Formen auszustechen, beispielsweise in Herz-, Stern- oder Blumenform. Das hängt auch immer vom Anlass ab. Schneiden Sie einmal ein Stangenweißbrot in dünne Scheiben, die noch miteinander verbunden sind. Rollen Sie sie zusammen und schon haben Sie eine Schlange. Wenn Sie noch zwei Pfefferkörner als Augen und ein Stück rote Paprika als gespaltene Zunge in den Kopf stecken, sieht das so lebendig aus, dass man fast auf das Zischen wartet!

### Radieschen

Radieschen sind ideal zum Gestalten von Deko-Figuren. Sie können daraus Mäuse, Käfer oder Pilze, aber auch die tollsten Blumen formen. Schauen Sie mal rein auf die Radieschenseite, bestimmt finden Sie dort eine nette Anregung für Ihre nächste Dekoration. Wenn Sie dann noch unsere Mäuschen in ein Stück Emmentaler setzen, so sieht es aus, als hätten sie sich gerade durch den Käse gefressen. Eine saubere Mausefalle vervollständigt diese Garnitur.

## Rund ums Büfett

Die Wurst spielt in der kalten Küche eine herausragende Rolle. Deshalb hier einige grundsätzliche, wissenswerte Dinge über Wurst:

Um das Angebot etwas überschaubarer zu machen, gliedert man die Wurstsorten in drei Familien. Die größte davon ist die Familie der Brühwürste. Brühwürste werden aus rohem, zerkleinertem Muskelfleisch, Speck, Fettgewebe und Wasser hergestellt. Eine weitere Familie bilden die Kochwürste. Darunter versteh man hitzebehandelte Würste, die aus vorgegartem Fleisch, Fettgewebe und Innereien hergestellt werden. In der Regel werden Kochwürste aus schlachtfrischem Schweinefleisch hergestellt, was ihnen ihren speziellen Geschmack gibt. In der dritten großen Familie sind die Rohwürste zusammengefasst. Sie werden aus rohem Rind- und Schweinefleisch sowie kernigem Speck hergestellt und durch Salzen, Trocknen oder Räuchern haltbar gemacht.

Ohne Fett könnte Wurst nicht hergestellt werden. Deswegen aber auf ihren Genuss zu verzichten, wäre sicher falsch. Wer Wurst in vernünftigen Maßen konsumiert, wird nicht zu viel Fett zu sich nehmen. Ihr Metzger wird Sie gerne beraten, sodass Sie als Gastgeber/-in Ihren Gästen Wurstplatten servieren können, die nach ernährungswissenschaftlichen Gesichtspunkten ausgewogen und dennoch schmackhaft sind.

Achten Sie beim Wurstkauf darauf, dass die Scheiben nicht zu dünn, aber auch nicht zu dick geschnitten sind. Legen Sie nur Wurs von gleicher Art zusammen. Auch innerhalb einer „Wurstfamilie" gibt es genügend unterschiedliche Sorten, mit denen Kontraste geschaffen werden können, beispielsweise durch die Kombinaion von hellen und dunkleren oder groben und feinen Scheiben. Weil eine kalte Platte kein Kunstwerk ist, das nur bestaunt werden darf, ist es wichtig, die Wurst so auszulegen, dass sich jeder Gast von jeder Stelle der Platte aus bedienen kann, ohne dass die ganze Konstruktion zusammenfällt.

Milch, Käse und Quark stellen seit langer Zeit eine natürliche Grundlage unserer Ernährung dar. Die Techniken zur Herstellung von Käse und Quark sind seit der Vorzeit bekannt. Heute haben die Molkereien eine derart umfangreiche Palette von Geschmacks- und Aromanuancen erreicht, dass sogar für den verwöhntesten Gaumen immer wieder angenehme Überraschungen möglich sind. Das Angebot reicht vom einfachen Quark über den Ziegenkäse bis zum raffiniert gewürzten Edelpilzkäse. Beim kalten Büfett kommt es auf eine gute Mischung an, es ist nicht erforderlich, nur ausgefallene und exotisch gewürzte Käsesorten zu servieren. Eine Käseplatte ist mit einem Bild vergleichbar: Wirkt es zu bunt, langweilt es eher, als dass es anzieht. Kombinieren Sie lieber die einfachen, allgemein beliebten Käsesorten mit einigen Exoten. So kommen die seltenen Sorten viel besser zur Geltung. Abgepackter Käseaufschnitt ist zwar praktisch, aber dem Geschmack ist die Verpackung nicht förderlich. Kaufen Sie deshalb lieber den Käse in Stücken und schneiden Sie ihn kurz vor dem Servieren auf. So entlocken Sie ihm ein noch feineres Aroma und verhindern, dass die einzelnen Scheiben vorzeitig austrocknen und dunkle Ränder bekommen.

Zum Aufbewahren eignet sich das Käsefach im Kühlschrank am besten. Verpacken Sie die einzelnen Sorten luftdicht in Frischhaltefolie und nehmen Sie sie etwa eine Stunde vor dem Verzehr heraus. So kann der Käse sein volles Aroma entfalten. Kombinieren Sie beispielsweise verschiedene Käsesorten mit Erdbeeren, Himbeeren, Brombeeren, blauen und grünen Weintrauben, Bananen, Kirschen oder Mandarinenspalten. Für einen Käseigel nehmen Sie eine große Melone, halbieren diese und stellen sie mit der Rundung nach oben auf einen Teller oder ein Tablett. Stecken Sie Käsewürfel, Früchte, Oliven, Schinken oder andere Köstlichkeiten auf kleine Spieße und pieksen Sie diese in die Melone.

# Garnituren aus der Küche –
## für kalte Platten, Teller, für das Büfett und vieles mehr

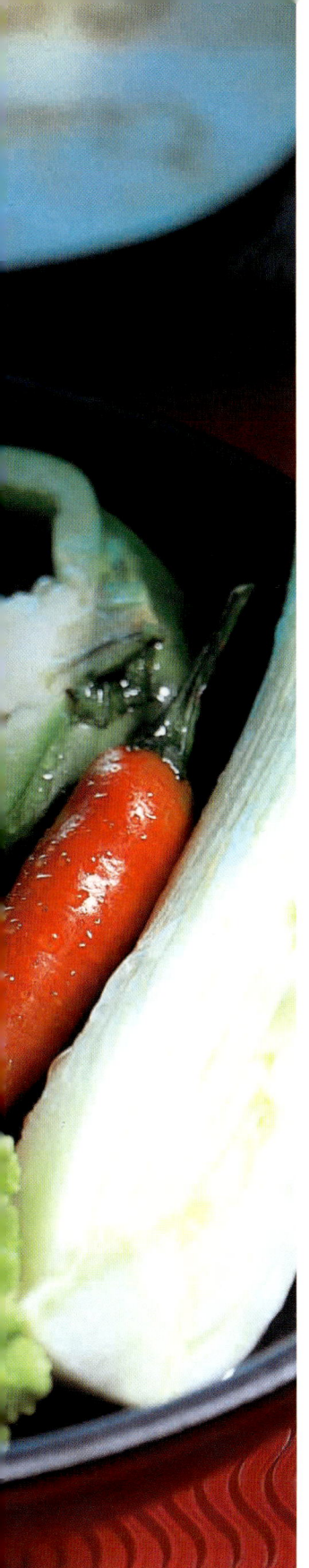

Auch der Formenreichtum der im Handel erhältlichen Brotprodukte ist nahezu unbegrenzt. Die Palette reicht von der gewundenen Brezen bis zum schlanken Baguette, über die einfache Kastenform bis zum wohl gerundeten Laib, vom Hörnchen mit Zopfmuster bis zum Fladen- und Pizzabrot. Auch was die Farbigkeit angeht, ist das Brot weit davon entfernt, einen eintönigen Anblick zu bieten. Die Palette reicht vom weißen Teig der Baguettes bis zum schwarzen Pumpernickel und bietet dazwischen noch eine Vielzahl angenehm warmer Brauntöne an. Auch was den Geschmack angeht, gibt es Unterschiede ohne Ende. Während das Weißbrot mild und dezent schmeckt, schmeckt ein Roggenvollkornbrot leicht säuerlich, und Brötchen gibt es in allen Variationen: mit grobem Salz, Kümmel, Mohn, Sesam, Sonnenblumenkernen – und sogar mit Speck oder Zwiebeln. So ist es nicht schwierig, einen gut sortierten Brotkorb bereitzustellen.

Wir wissen, dass man sich beim Essen auch entspannt, auf andere Gedanken kommt und sich vielleicht wieder an der Schönheit der Dinge erfreut. Doch optisches Gelingen stellt sich nicht von allein ein. Dazu braucht man einige Kenntnisse, ein wenig Erfahrung und – vor allem viel Liebe zum Detail. Jede Nachlässigkeit bei der Auswahl, jede Schludrigkeit beim Anrichten wirkt sich auf das Gesamtbild aus und könnte einen negativen Eindruck bei Ihren Gästen hinterlassen. Wenn beispielsweise Wurstscheiben über den Plattenrand hinausragen, zeigt das, dass hier hastig gearbeitet wurde.

Liegen verschiedene Sorten kunterbunt nebeneinander, ist die Harmonie gestört. Sind kalte Platten überladen, so hat es der Gastgeber oder die Gastgeberin zwar gut gemeint, aber leider zu viel des Guten getan. Das Gleiche gilt auch für die Dekoration. Sie darf die aufgelegten Speisen nicht überdecken oder gar ersticken, sondern soll immer nur ein Blickfang sein.

# Tomaten

Tomaten lassen sich in der Küche sehr vielseitig für Garnituren verwenden. Allein durch ihre Farbe dekorieren sie jedes Gericht. Gefüllte Tomatenhälften, Tomatenscheiben abwechselnd gelegt mit Gurkenscheiben oder gekochten Eischeiben oder ganz einfach dekorierte Tomatenachtel sind wohl bekannt.

## Tomatenpilz

1. Die Tomate waschen, trocken tupfen und an der Oberseite eine Haube abschneiden.

2. Die Tomate mit einem Kugelausstecher oder einem Teelöffel aushöhlen. Die Tomate beliebig füllen.

3. Die Tomatenhaube auf die Tomate setzen und mit Mayonnaise Tupfen auftragen, sodass ein Fliegenpilz entsteht.

## Variationen:

### Tomaten schälen
Wenn Sie Tomaten schälen wollen, so sollten Sie zuerst den Strunk ringförmig herausschneiden. Jetzt mit einem scharfen spitzen Messer an der Oberseite die Haut kreuzförmig leicht einritzen. Die Tomate in kochendes Wasser legen, 15 Sekunden darin liegen lassen, herausnehmen, mit kaltem Wasser abschrecken und die Haut abziehen.

### Tomatenhälften
Die enthäuteten Tomaten werden längs halbiert – von der Blüte zum Stiel – und anschließend wird das Kerngehäuse mit einem Teelöffel oder einem Kugelausstecher herausgeschabt. An der Unterseite kann man nun die Tomate mit einem Messer etwas abflachen, damit sie besser steht.

### Tomatenblätter
Ungeschälte Tomaten in sechs bis acht gleich große Teile schneiden. Jetzt mit dem Messer die Kerne und das Fruchtfleisch abschneiden und die so entstandenen Tomatenblätter in beliebiger Reihenfolge anordnen (Sterne, Fächer, Ketten usw.).

# Tomatenkorb

1. Die Tomate waschen und trocken tupfen. Von der Oberseite her mit einem scharfen Messer in der Mitte im Abstand von 1 cm die Tomate bis zur Hälfte einschneiden.

2. Auf beiden Seiten der Einschnitte die Tomate zickzackförmig einschneiden und die Außenhaut lösen.

3. Die so entstandenen „Flügel" in das Körbchen setzen und mit Kräuterzweigen garnieren.

# Tomatenrose

 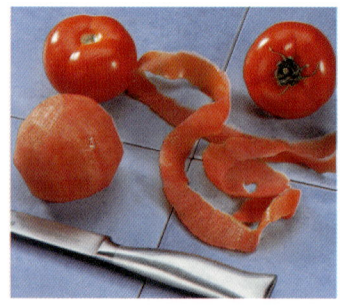 

1. Verwenden Sie eine feste Tomate. Mit einem Messer an der Oberfläche eine Haube so abschneiden, dass Sie spiralförmig weiterschneiden können.

2. Die Tomatenhaut spiralförmig von der Tomate abschneiden. Achten Sie darauf, dass die Haut nicht reißt.

3. Auf der Tomatenhaube wird nun die Tomatenhaut zur Rose zusammengedreht.

# Tomatenschmetterling

1. Die Tomate enthäuten. Anschließend halbieren und mit einem Kugelausstecher oder einem Teelöffel die Tomate entkernen.

2. Die Tomate mit dem Messer an einer Seite bis zur Hälfte zweimal einschneiden, sodass ein Schwanz entsteht.

3. Die Tomate vorsichtig auseinanderziehen und mit der Schere an der Schnittkante zackenförmig einschneiden.

# Tomatenkrabbe

1. Die Tomate waschen, trocken tupfen und halbieren. Mit einem sehr scharfen Messer waagerecht so in dünne Scheiben schneiden, dass die Scheiben auf der anderen Seite an der Haut und dem Fleisch zusammenhängen.

2. Die Scheiben an der vorderen Seite halbieren, der Deckel und die hintere Haut und das Fruchtfleisch dürfen nicht durchgeschnitten werden.

3. Mit dem Messer die unteren Scheiben nach außen auseinanderfächern.

# Tomaten

Eine optische Variante, wenn Sie die Tomaten für die Garnitur verwenden, ist es, wenn Sie grüne Tomaten verarbeiten. Im Wechsel mit den roten Tomaten erhalten Sie zusätzlich farbenfrohe Muster.

## Variationen:

### Tomatenkorb
*Von einer ungeschälten Tomate zuerst von beiden Seiten her bis zur Hälfte zwei große Spalten herausschneiden, sodass ein Henkel stehen bleibt. Das Innere der Tomate mit einem Teelöffel oder einem Kugelausstecher aushöhlen und die Tomate nach Belieben füllen.*

## Gezacktes Tomatenkörbchen

1. Die Tomate waschen und trocken tupfen. Mit einem scharfen Messer von oben her die Tomate über Kreuz bis zur Mitte hin einschneiden.

2. Das Tomatenfleisch mit der Haut vom Kern abschneiden, sodass vier Ecken entstehen.

3. Die Tomate mit einem Kugelausstecher oder einem Teelöffel aushöhlen.

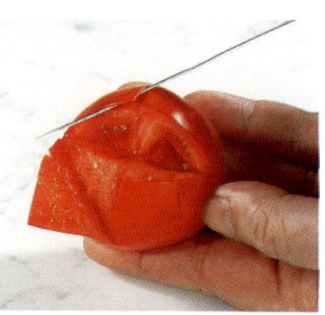

4. Die Haut mit einem scharfen Messer vom Tomatenfruchtfleisch abschneiden und die Ecken nach außen biegen.

5. Mit einer Küchenschere die Tomatenhaut zackenförmig einschneiden.

# Tomaten

Zum Garnieren sind die Tomaten das Gemüse schlechthin und werden sehr geschätzt. Angeboten werden Fleischtomaten, normale runde Tomaten, Kirsch- oder Cocktailtomaten sowie die birnenähnlichen Flaschentomaten. Achten sollten Sie bei den Tomaten, die Sie für die Garnitur verwenden, darauf, dass diese noch sehr fest und ohne Druckstellen sind, nur so erhalten Sie eine optimale Garnitur.

## Tomatenkäfer

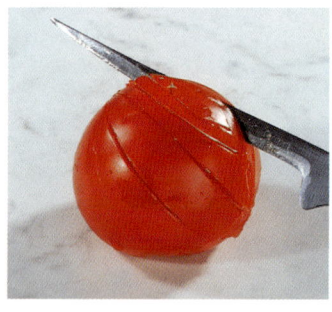

1. Die Tomate waschen, trocken tupfen und mit einem scharfen Messer von oben her einen länglichen Keil aus der Tomate schneiden.

2. Die Schnittführung so führen, dass Sie weitere dieser Keile immer größer werdend in die Tomate schneiden können. Anschließend die Keile zusammenhängend herausheben.

3. Auf beiden Seiten der Tomate die Haut so abschneiden, dass zwei Flügel entstehen.

4. Die Tomatenkeile auseinanderfächern und in die Tomate zurücksetzen.

## Variationen:

### Tomaten-Ei-Scheiben
Die Tomaten waschen und quer zur Strunkseite mit einem sehr scharfen Messer in gleich dicke Scheiben schneiden. Eier pellen, ebenfalls in Scheiben schneiden und je eine Eischeibe auf eine Tomatenscheibe legen. Mit Basilikumblättchen garnieren und die Tomaten-Ei-Scheiben in beliebiger Reihenfolge anordnen.

### Tomatenblume
Eine ungeschälte Tomate sechs- bis achtmal so einschneiden, dass die Ecken auseinanderfallen, aber am Strunk noch zusammenhalten. Die Zwischenräume können dann mit kannelierten Gurken- oder Karottenscheiben gefüllt werden.

### Tomaten-Eier-Halbkugel
Eine ungeschälte Tomate in sechs gleich große Ecken schneiden. Ein Ei pellen, ebenfalls in sechs gleich große Ecken schneiden. Die so entstandenen Ei- und Tomatenspalten abwechselnd zu einer Halbkugel zusammensetzen.

# Gurken

Gurkenscheiben finden wir immer wieder als Garnitur. Durch ihre intensive grüne Farbe können sie sehr gut im Wechsel mit Tomaten- und Eischeiben, aber auch Käse- und Wurstscheiben verwendet werden. Gurkenscheiben im Wechsel mit Radieschen und Tomatenscheiben können zu Blüten gelegt werden. Wie bei den Tomaten lässt sich auch bei der Gurke der Zackenschnitt anwenden. Die in Scheiben geschnittenen Gurken kann man halbieren und drehen. Auch so bekommt man sehr schöne Formen. Mithilfe eines Julienneschneiders lässt sich die Schale behandeln. Durch den Wechsel zwischen grüner Haut und weißem Fruchtfleisch entstehen beim Schneiden der Gurke viele neue Formen.

## Variationen:

### Gurkenschiffchen
*Aus einer Gurke einen Zylinder von etwa 5 cm Länge schneiden und diesen mit einem scharfen Messer vierteln. Die Kerne herausschaben und die Stücke so abrunden, dass daraus kleine Schiffchen entstehen.*

### Gurkenboote
*Eine mittlere Gurke der Länge nach halbieren und in etwa 10 cm lange Stücke schneiden. An den Schnittenden abrunden und aus den Stücken die Kerne mit einem Teelöffel oder einem Kugelausstecher herausschaben. Die Gurkenstücke an der unteren Seite gerade schneiden, damit die Stücke besser stehen. Jetzt können die Gurkenboote nach Belieben gefüllt werden.*

### Gurkenfächer
*Hierfür eignen sich besonders gut Essig- oder Gewürzgurken. Die Gurken der Länge nach halbieren und mit einem scharfen Messer so in dünne Scheibchen schneiden, dass die Scheiben an einer Seite noch zusammenhalten. Jetzt die Scheiben zu einem Fächer auseinanderdrücken.*

## Gurkenblüte

1. Die Gurke waschen, trocken tupfen und die Spitzen etwa 1–2 cm dick abschneiden.

2. Mit einem scharfen Messer an der Spitze zusammenhängend eine Blüte abschneiden.

3. Die abgeschnittenen Blüten zu einer großen Blüte zusammenlegen.

4. Aus Paprika- oder Tomatenstücken lässt sich kontrastreich der Blütenkelch einsetzen.

# Gurkengirlande

1. Die Gurke waschen, halbieren, mit einem scharfen Messer hauchdünne Scheiben so abschneiden, dass sie an einer Seite noch zusammenhängen.

2. Jede zweite Scheibe mit dem Messer nach innen stecken.

3. Die Gurkengirlande auseinanderbiegen, zusammendrehen und mit einem Zahnstocher feststecken.

# Gurkenkette

1. Die Gurke waschen, trocken tupfen und ein 10–15 cm großes Stück abschneiden. Mithilfe eines Julienneschneiders die Schale im Abstand von 1/2 cm abschneiden.

2. Mithilfe eines Kernausstechers die Gurke aushöhlen.

3. Die Gurke in 1 cm dicke Scheiben schneiden, einschneiden und zu einer Kette zusammenhängen.

# Zucchiniblüte

1. Die Zucchini waschen, trocken tupfen und ein 6 cm großes Stück abschneiden.

2. Mithilfe eines Julienneschneiders zweidrittel der Schale von einer zur anderen Seite abziehen.

3. Die Zucchini in der Mitte rundherum im Zickzackschnitt einschneiden und die beiden Hälften auseinandernehmen. So entsteht die Zucchiniblüte.

# Zucchinikörbchen

1. Ein etwa 10–15 cm langes Stück an einem Ende abschneiden. Etwa 3 cm vom unteren geraden Rand einen zickzackförmigen Kronenschnitt um die Zucchini herumführen. Mit dem Messer die Ecken der Krone vom Fruchtfleisch abschneiden und nach außen drücken.

2. Von der runden Seite der Zucchini aus zwei Schnitte von oben nach unten im Abstand von 1 cm führen, sodass der Henkel entsteht.

3. Links und rechts des Henkels einen Zickzack-Kronenschnitt führen und die Stücke ablösen. Mit einem Messer das Fruchtfleisch herausschneiden.

# Zucchini

Ähnlich wie die Gurke lässt sich auch die Zucchini verarbeiten. Meist ist es jedoch einfacher, mit Zucchinis zu arbeiten, da sie eine weichere Schale und ein weicheres Fruchtfleisch haben. Zucchinis lassen sich sehr leicht schneiden und formen.

## Garnierter Zucchinifächer

3. Die Zucchinischeiben ineinanderstecken.

1. Die Zucchini waschen und trocken tupfen. An der unteren Seite zwei Längsschnitte führen, damit die Zucchini einen besseren Stand bekommt.

2. Von einer Seite her mit einem scharfen, dünnen Messer der Länge nach zur anderen Seite hin hauchdünne Scheiben schneiden, sodass sie am anderen Ende noch zusammenhalten.

4. Das nun offene Ende zuschneiden und mit Kräuterzweigen, Zitronenstreifen oder anderen Garniturelementen garnieren.

## Zucchinikrone

1. Ein etwa 5–6 cm langes Stück von der Zucchini abschneiden, im Zickzackschnitt 2 cm vom unteren Rand rundherum einschneiden. Anschließend den gleichen Schnitt 2 cm versetzt nochmals rundherum einschneiden und das obere und untere Ende abnehmen.

2. Die Haut der Kronenecken mit einem scharfen Messer abschneiden und leicht nach außen drücken. Mit einer Cocktailkirsche garnieren und fertig ist die Krone.

# Zucchini

Neben den grünen gibt es auch die gelben Zucchini. Diese lassen sich besonders schön formen, da durch die gelbe Farbe immer ein zusätzlicher Effekt entsteht. Am Beispiel der gelben Zucchini wollen wir Ihnen nochmals auf der nachfolgenden Seite den Kronenschnitt zeigen, der bei fast allen Gemüse- und Obstsorten verwendet werden kann. Ob Salatgurken, Zucchini, Tomaten, Orangen, Zitronen oder Melonen, dieser Schnitt ist wohl einer der beliebtesten bei der Herstellung von Garnituren.

## Zucchinischiff

1. Die Zucchini waschen und trocken tupfen. Für das Dach die Zucchini in der Mitte in einer Entfernung von etwa 5–6 cm zweimal zur Mitte hin einschneiden.

2. Die Zucchinistücke waagrecht zur Mitte hin von beiden Seiten her abschneiden.

3. Mit einem Kugelausstecher das Kerngehäuse aus dem Schiffchen und aus den abgeschnittenen Stücken herausschaben.

4. Die abgeschnittenen Stücke in 1–2 cm dicke Scheiben schneiden.

5. Die so entstandenen Scheibchen der Länge nach auf Spieße stecken. Das Zucchinischiff mit enthäuteten roten Paprika- oder Tomatenstücken auslegen.

6. Das Segel obenaufsetzen, garnieren und das Zucchinischiff zur Garnitur bereitstellen.

# Zucchinistern oder -krone

1. Die Zucchini waschen, trocken tupfen und ein 3–4 cm dickes Stück abschneiden.

2. Den Stern- oder Kronenschnitt mit einem scharfen Messer rundherum an der Zucchini führen.

3. Die beiden Sternteile auseinanderdrehen und zur weiteren Garnitur bereitstellen.

# Karottenblüte I

1. Die Karotte schälen, waschen, trocken tupfen und mit einem Messer tiefe Kerben von unten nach oben in die Karotte einschneiden.

2. Jetzt dünne, etwa 1 cm lange Scheiben rundherum von der Karotte abschneiden.

3. Die Karottenscheibchen zu einer großen Blüte zusammenlegen, mit Kräuterzweigen garnieren und so für die Garnitur bereitstellen.

# Karottenblüte II

1. Die Karotte schälen, waschen, trocken tupfen und mit einem Julienneschneider im Abstand von 1–2 cm Julienne der Länge nach aus der Karotte herausschneiden.

2. Die Karotte in dünne Scheiben schneiden.

3. Aus roter Paprika kleine Eckchen schneiden und diese auf die Karottenscheiben legen. Die Karottenscheiben für die Dekoration bereitlegen.

# Rettich- oder Karottenblüte

1. Die Karotten oder einen Rettich dünn schälen, waschen und gut abtropfen lassen.

2. Mit einem Garniermesser von unten her nach oben kleine Spitzen einschneiden und die Spitzen leicht nach außen drücken.

3. Die Die Rettich- oder Karottenblume zurechtschneiden. Die Rettich- und die Karottenblumen mithilfe von Zahnstochern in eine Rettichvase stecken.

# Karotten

Karotten lassen sich sehr gut in erster Linie für geschnittene Dekorationen verwenden. Dekorationen mit Karotten bleiben sehr lange frisch und ansehnlich, da das Karottenfruchtfleisch sehr hart ist und sich auch über längere Zeit hin wenig verändert. Ähnlich wie bei Rettichen, Gurken und Zucchini können die Karotten zu Blüten, Blumen, Kronen oder Schiffchen geschnitten werden. Wer ein besonderes Händchen für das Schnitzen hat, der kann die Karotte mithilfe von Schnitzwerkzeug bearbeiten.

## Karottenbuchstaben

1. Die Karotte schälen, waschen, trocken tupfen, in dünne, längliche Scheiben schneiden.

2. Aus den Scheiben mit einem Messer Buchstaben ausschneiden und diese zu Wörtern zusammenlegen.

3. Das Innere einer Karottenscheibe im Rechteck herausschneiden, sodass eine Brücke entsteht. Diese zusammendrehen und zur Garnitur bereitlegen.

## Variationen:

### Kugeln
Karotten lassen sich auch sehr gut verarbeiten, wenn Sie diese vorher in Salzwasser oder Gemüsebrühe bissfest garen. Aus den gekochten Karotten können mithilfe eines Kugelausstechers Kugeln in verschiedenen Größen ausgestochen und in beliebiger Reihenfolge angeordnet werden.

### Ausgestochene Formen
Die gekochten Karotten in längliche oder breite dünne Scheiben schneiden und mit Plätzchenausstechern (Sterne, Monde, Herzen oder Blüten) verschiedene Formen ausstechen. Diese Formen können dann in beliebiger Reihenfolge angeordnet werden.

### Kannelierte Formen
Geschälte gekochte oder rohe Karotten werden mit einem Kanneliermesser eingekerbt und anschließend in Scheiben geschnitten. Diese Scheiben können halbiert oder geviertelt und in beliebiger Reihenfolge angeordnet werden.

### Tournierte Formen
Geschälte gekochte oder rohe Karotten werden der Länge nach halbiert und in Stücke geschnitten. Mit einem Messer werden die Stücke in Form (tournieren) gebracht und in beliebiger Reihenfolge angeordnet.

# Rettich

Rettiche lassen sich aufgrund ihrer interessanten Form sehr gut für ausgefallene Garnituren einsetzen. Die Profis im Herstellen von Garnituren sind die Asiaten, die gerade den Rettich mit zu den favorisierten Gemüsen zählen. Wir haben diesen Profis einmal auf die Finger geschaut, damit wir Ihnen einige der fantastischen Rettichgarnituren zeigen können. Grundsätzlich sollten Sie den Rettich vor der Weiterverarbeitung möglichst gleichmäßig schälen, damit er eine schöne Form erhält. Neben den weißen Rettichen können Sie auch sehr gut die roten oder auch die schwarzen Rettiche verwenden. Achten Sie beim Einkauf auf die besonderen Formen. Gerade runde, nicht zu lange Rettiche ergeben ein optisch besseres Bild.

## Rettichvase

1. Den Rettich dünn schälen und ein 15 cm langes Stück abschneiden. Mit dem Messer in der Mitte zwei 2–3 mm dicke Kerben rundherum einschneiden.

2. Vom Vasenkopf aus bis zur ersten Kerbe eine Verjüngung einschneiden. Ebenso am unteren Teil die Verjüngung zurechtschneiden.

3. Mit einem Kugelausstecher oder einem kleinem Messer den Vasenkopf aushöhlen.

# Rettichschlange

1. Den Rettich putzen, waschen, die Blattansätze bis auf 1 Zentimeter abschneiden und mit einem Messer den Rettich bis zur Hälfte in Scheiben schneiden.

2. Den Rettich von der anderen Seite her ebenfalls in Scheiben schneiden. Achten Sie darauf, dass Sie den Rettich nicht durchschneiden.

3. In den Rettich Bohnen als Augen eindrücken und ihn garnieren.

# Rettichrose

  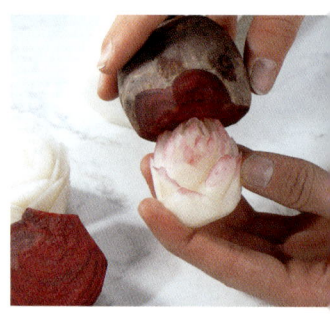

1. Einen runden Rettich dünn schälen. Mit einem scharfen Messer von unten her rundherum 2–3 cm breite, dünne Scheiben in den Rettich einschneiden.

2. Den nächsten Scheibenkranz leicht versetzt oberhalb des ersten Kranzes einschneiden. Jetzt die Rettichrose in kaltes Wasser zum „Aufblühen" legen.

3. Weiße Rettichblüten lassen sich sehr gut mit Rote-Bete-Saft einfärben.

# Rettichfächer

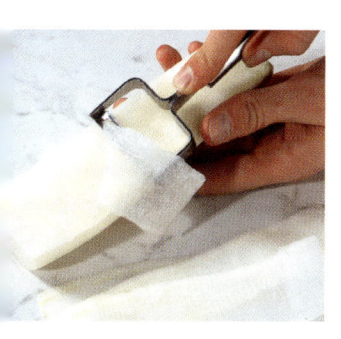

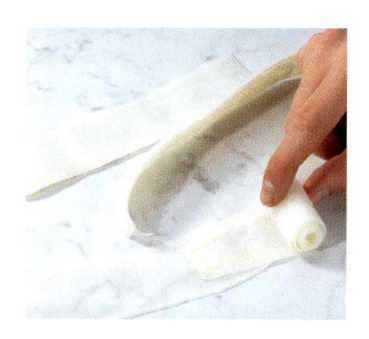

1. Den Rettich dünn schälen, einmal der Länge nach halbieren und mit einem breiten Sparschäler lange, dünne Scheiben abschneiden.

2. Die Scheiben aufrollen und mithilfe einer Küchenschnur oder mit Lauchstreifen zusammenbinden.

3. Auf einer Seite mit einem scharfen Messer je nach Geschmack mehr oder weniger bis zur Hälfte hin einschneiden, sodass ein Fächer entsteht.

# Rettichblüte

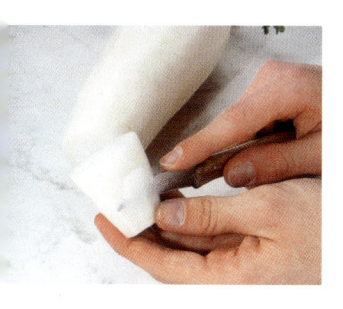

1. Den Rettich dünn schälen und ein 5–6 cm dickes Stück abschneiden. Mit einem scharfen Messer von unten her Scheiben in das Rettichstück einschneiden.

2. Mit dem Messer innerhalb der abgeschnittenen Scheiben einen Kranz rund um den Rettich schneiden. Den abgeschnittenen Kranz aus dem Rettich herausnehmen. Jetzt fortfahren wie beschrieben.

3. Erneut Scheiben einschneiden und einen Kranz herausschneiden. Je öfter Sie diesen Vorgang wiederholen, umso mehr Blütenblätter erhalten Sie.

4. Die letzte Kranzhaube abnehmen und mehrmals über Kreuz in der Mitte einschneiden.

# Radieschen

*Klein, fein und oho, so kann man die Radieschengarnituren nennen. Hier können wir mit großer Fantasie vieles schneiden, formen und erfinden. Das Besondere hierbei ist, dass ein Radieschen „aufblühen" kann, wenn Sie es einschneiden und ins Wasser legen.*

## Mäuschen

1. Von den Radieschen das Grün abschneiden, die Wurzel als Schwänzchen daran lassen. Waschen, gut abtropfen lassen und eine Haube abschneiden.

2. Für die Ohren an der oberen Seite zwei Schnitte anbringen und je Radieschen zwei Scheiben in die Schnitte stecken.

3. Für die Augen mit der Messerspitze zwei Höhlen ausstechen und Pfefferkörner eindrücken. Jetzt noch das Schnäuzchen (Radieschengrün) zurechtschneiden.

37

# Lustige Käfer

1. Die Radieschen putzen, mit einem spitzen Messer der Länge nach zwei Flügel auf beiden Seiten einschneiden, aus dem Radieschenkörper kleine Rauten ausschneiden, aufblühen lassen.

2. Für den zweiten Käfer von der Seite her zwei Flügel abschneiden, die Radieschen der Länge nach einkerben und aufblühen lassen.

3. Für den dritten Käfer zwei Flügel an den Seiten einschneiden, für den Körper quer Streifen einkerben und aufblühen lassen.

# Rote Blüten

1. Für eine einfache Blüte das Radieschen von oben her bis zur Mitte hin mehrmals einschneiden und aufblühen lassen.

2. Für eine andere Blüte schneidet man das Radieschen übers Eck ein. Zusätzlich werden die Seiten bis zu zwei Drittel abgeschnitten und nach außen gebogen. Die Radieschen aufblühen lassen.

3. Für eine dritte Blüte das Radieschen zuerst der Länge nach und anschließend quer in Scheiben schneiden, dabei entstehen viele einzelne Stängel. Die Radieschen aufblühen lassen.

# Lauchmännchen

1. Den Lauch verlesen, waschen, gut abtropfen lassen und das obere Grün abschneiden.

2. Am unteren Stängelende mit zwei Nelken die Augen eindrücken.

3. Mit einem Messer den Mund leicht vorschneiden und anschließend mit Tomaten- oder Paprikastückchen füllen.

# Lauchbukett

1. Den Lauch putzen, waschen, gut abtrocknen und ein etwa 10 cm langes Stück herausschneiden.

2. Aus einer Peperoni einen Ring schneiden und über das Lauchstück stülpen.

3. Mit einem Messer den Lauch fächerartig bis zur Mitte hin einschneiden. Jetzt kann der Lauch ins Wasser gelegt werden und „aufblühen".

# Lauch

*Auch der Lauch lässt sich für die Garnitur fantasievoll einsetzen. Gerade als Blüten und Fächer geschnitten wirkt er sehr dekorativ. Je nach Größe Ihrer Teller oder der Verwendung der Garnitur sollten Sie darauf achten, dass Sie entweder die großen Lauchstangen oder die kleineren Frühlingszwiebeln verwenden.*

## Lauchblume

1. Den Lauch putzen, waschen, trocken tupfen und mit einem scharfen Messer das Wurzelende so abschneiden, dass der Lauch unten noch zusammenhält.

2. Ein etwa 5 cm großes Lauchstück abschneiden und dieses von oben zum Wurzelende hin im Millimeterabstand quer einschneiden.

3. Den Lauch um 90 Grad drehen und erneut von oben nach unten einschneiden. So entsteht eine Blüte, die Sie mit einem Radieschen oder mit Tomatenecken verzieren können.

41

# Zwiebeln

Auch die Zwiebeln lassen sich zu vielfältigen Garnituren schneiden. Aufgrund ihrer Blätter kann man sie zu sehr schönen Blüten zuschneiden. Sie sollten dabei immer darauf achten, dass Sie nicht zu tief in das Wurzelende hineinschneiden, denn sonst fallen Ihre Blüten schnell auseinander.

## Zwiebelblüten

1. Die Zwiebel schälen und das Wurzelende vorsichtig abschneiden.

2. Mithilfe eines Bleistiftes die gewünschten Schnittmuster auf die Zwiebel auftragen.

3. Jetzt jede einzelne Zwiebelschicht mit dem Messer zurechtschneiden und die Schicht vorsichtig abheben.

4. Wenn Sie die Zwiebel nach dem Schnittmuster bis zur Mitte hin einschneiden, können Sie anschließend die so entstandenen Ecken vorsichtig auseinanderbrechen. Jetzt entsteht eine andere Blüte, die ebenfalls für Garniturzwecke verwendet werden kann.

43

# Äpfel

*Ein wirkliches Paradies, in dem wir uns jetzt bewegen, sind die vielen Früchte, die wir für unsere Garnituren verwenden können. Allein durch die Optik sind die Früchte ein Blickfang für sich und Sie müssen nicht einmal viel Zeit und Arbeit aufwenden, damit diese Köstlichkeiten dekorativ wirken. Schon eine in Scheiben geschnittene exotische Frucht bewirkt oft mehr als eine aufwändig hergestellte Dekoration. Wir zeigen Ihnen zuerst einmal raffinierte Dekorationen mit einem Apfel. Er galt schon in der Geschichte als verführerisch. Als Garniturapfel kommt ein fester Apfel zur Verwendung. Sie sollten nicht vergessen, die Schnittflächen mit Zitronensaft oder Essig zu beträufeln, sobald Sie mit der Garnitur fertig sind. Einen zusätzlichen Effekt bekommen Sie, wenn Sie den fertigen Apfel mit etwas Gelatine überziehen.*

## Geschnittene Apfelkrone

1. Aus dem Apfel von oben nach unten Keile herausschneiden.

2. Die Schnittführung um den Apfel herumführen und die Keile herausschneiden. Anschließend die Keile nach oben schieben.

3. Sobald alle Keile über den Apfel hinausstehen, den Apfel mit Zitronensaft beträufeln und zur Garnitur bereitstellen.

45

# Grün-roter Apfel

1. Aus dem grünen Apfel eine längliche Ecke herausschneiden. Die nächste Ecke etwa 1–2 mm entlang des ersten Schnittes herausschneiden. So weitere zwei Ecken herausschneiden.

2. Die gleiche Schnittführung an einem roten Apfel machen und ebenso viele Ecken herausschneiden.

3. Die Ecken abwechselnd in den grünen und roten Apfel einsetzen.

# Bunter Apfelvogel

1. Aus einem grünen und roten Apfel, wie bereits beschrieben, je fünf Ecken herausschneiden.

2. Abwechselnd die roten und die grünen Ecken übereinanderlegen und nach oben verschoben in die Äpfel einsetzen.

3. Links und rechts des ersten Schnittes jeweils fünf dieser Ecken herausschneiden, auseinanderziehen und in den Apfel zurücksetzen.

# Einfacher Kiwistern

1. Wie bei unserer Kiwi können Sie diesen Stern auch mit einer Orange herstellen. Hierfür den Wurzelansatz mit einem geraden Schnitt abschneiden und die Kiwi in der Mitte zickzackförmig rundherum einschneiden.

2. Die Kiwis auseinanderdrehen und auf eine Arbeitsfläche setzen.

3. Jetzt können Sie die Kiwisterne übereinandersetzen oder einzeln garnieren.

# Orangenstern

1. Am einfachsten ist es, wenn Sie sich eine Führungslinie mit einem Bleistift auf die Frucht zeichnen. Für den Stern eine senkrechte Linie und von der Oberkante 3–4 cm weit zur Unterkante eine geschwungene Linie aufzeichnen.

2. Mit einem scharfen Messer der Linie entlang bis zur Mitte hin einschneiden.

3. Jetzt können Sie die Orange vorsichtig auseinanderdrehen und erhalten so zwei Sterne.

# Orangen

Ob Orangen, Zitronen oder Limetten, diese Früchte werden immer wieder gerne verwendet. Ein großer Vorteil bei den Zitrusfrüchten ist es, dass sie sehr lange ihre Form und Farbe behalten. Die Zitrusfrüchte eignen sich besonders gut für den Einsatz bei Büfetts und für deftige, pikante oder süße Speisen.

## Orangenblüte

1. Die Orange waschen, trocken tupfen, halbieren und in Schnitze schneiden. Das Fruchtfleisch so von der Schale schneiden, dass es an einer Ecke des Orangenschnitzes noch festhängt.

2. Das Fruchtfleisch der Schnitze von der Schale abheben und die Schnitze ineinanderstecken.

3. Spießchen mit Kirschen auf die Orangenblüten stecken.

49

# Orangenkorb

1. Die Orange waschen von oben bis zur Mitte hin im Abstand von 1 cm zweimal einschneiden.

2. Vom Schnittende ausgehend jede Orangenhälfte zickzackförmig rundherum bis zur Mitte hin einschneiden.

3. Die abgeschnittenen Hälften abheben, das innere Fruchtfleisch herausschneiden, sodass der Henkel entsteht. Jetzt kann das Orangenkörbchen gefüllt werden.

# Zitronenkörbchen

1. Die Zitrone waschen, mit dem Messer von oben her zwei Schnitte im Abstand von 1 cm bis zur Hälfte der Frucht führen.

2. Jetzt zickzackförmig auf beiden Seiten des Henkels die Zitrone einschneiden und das Fruchtfleisch herausnehmen.

3. Das Zitronenkörbchen mit bunten Früchten oder dekorativem Gemüse füllen.

# Zitronenstern

1. Die Zitrone in der Mitte zickzackförmig bis zur Mitte hin rundherum einschneiden.

2. Vor dem Auseinanderdrehen mit dem Julienneschneider längliche Streifen in die Zitrone schneiden.

3. Anschließend die Zitrone auseinanderdrehen, so erhalten Sie die Zitronensterne, die Sie zusätzlich noch mit Kirschen garnieren können.

# Limettenscheiben

1. Die Limette waschen, trocken tupfen, an den Enden mit einem Messer gerade schneiden und anschließend mit dem Julienneschneider von oben nach unten Julienne abziehen.

2. Die so vorbereitete Limette in Scheiben schneiden.

3. Die Scheiben mit dem Messer bis zur Mitte hin einschneiden. So können die Limettenscheiben dekorativ verdreht oder ineinandergeschoben werden.

# Zitronen und Limetten

Zitronen und Limetten sind aus der Welt der Garnituren nicht wegzudenken. Schon die in Scheiben geschnittenen Früchte bringen den gewünschten Garnitureffekt. Wenn Sie dann noch die Früchte mithilfe eines Kanneliermessers zuerst einkerben, werden Ihre Scheiben perfekt. Versuchen Sie auch einmal eine sehr dünn geschnittene, kannelierte Scheibe in sich zu drehen. Diese Scheiben können dann als Spirale gelegt werden.

## Limettenkörbchen

1. Die Limette waschen, trocken tupfen, mit einem Messer von oben zur Mitte hin zwei Schnitte im Abstand von 1 cm in die Limette schneiden.

2. Waagerecht zur Mitte hin die Ecken herausschneiden, damit ein Körbchen entsteht.

3. Die herausgeschnittenen Limettenecken mit einem länglichen Schnitt versehen und die Limettenhaut abziehen, jetzt die Ecken versetzt in das Körbchen setzen.

53

# Melonen

Melonen gibt es in vielfältigen Farben und Formen. Gerade in der asiatischen Küche wird die Melone sehr häufig für Dekorationen verwendet. Hier können Sie aufgrund der Größe der Frucht erstklassig ausgefallene Schnitzwerke anfertigen. Am besten ist es, wenn Sie Ihr vorgesehenes Muster auf die Melone zeichnen und dann mit einem scharfen Messer den Schnitt nacharbeiten. So erhalten Sie gleichmäßige und dekorative Ornamente.

## Melonenschüssel

1. An der oberen Hälfte der Melone wird zuerst ein runder Kreis gezogen und anschließend mit dem Bleistift das ausgewählte Ornament aufgezeichnet.

2. Mit einem langen, dünnen und spitzen Messer wird das Ornament nachgeschnitten. Achten Sie beim Schneiden darauf, dass Sie möglichst bis in die Mitte durchschneiden, damit Sie die Haube besser abheben können.

3. Zum besseren Stand wird dann die Haube an der oberen Seite gerade geschnitten. Ebenso müssen Sie die zweite Hälfte gerade schneiden.

4. Jetzt können Sie beide Hälften übereinandersetzen und die Melonenschüssel ausdekorieren.

55

# Melonenkorb

1. Mithilfe eines scharfen, dünnen Messers am Bauch der Melone einen 1/2 cm dicken Ring einschneiden und ablösen. Mit dem Bleistift eine Zickzacklinie rundherum anzeichnen. Dabei auch darauf achten, dass Sie den Henkel möglichst breit genug anzeichnen, um nicht in den Stängelansatz schneiden zu müssen.

2. Mithilfe eines dünnen, langen und scharfen Messers die aufgezeichnete Linie entlangschneiden.

3. Beim Nachschneiden der Linie sollten Sie darauf achten, dass Sie möglichst weit in die Mitte hineinkommen, damit Sie anschließend die beiden ausgeschnittenen Hälften des Korbes unproblematisch ablösen können.

4. Jetzt können Sie mithilfe eines Kugelausstechers oder eines Löffels das Kerngehäuse herausschaben.

5. Entlang der Zickzacklinie können Sie weitere Ornamente einschneiden. Hier haben wir Dreiecke aufgezeichnet und diese mit einem spitzen Messer ausgeschnitten.

# Melonenschiffchen

1. Die Melone halbieren und anschließend die Melonenhälften in Schnitze schneiden.

2. Das Kerngehäuse herausschaben, mit einem scharfen Messer entlang der Schale das Fruchtfleisch ablösen. Das Fruchtfleisch in 2 cm dicke Scheiben schneiden und diese versetzt auf den Schalen anordnen.

# Geschälte Ananas

1. Den Wurzelansatz mit einem geraden Schnitt abschneiden.

2. Von oben nach unten mit einem scharfen Messer eine fließende Kerbe einschneiden.

3. Den Schnitt rundherum führen, sodass die ganze Schale entfernt wird.

# Fruchtige Ananasinsel

1. Das Fruchtfleisch der Ananas so abschneiden, dass in der Mitte ein 2–3 cm dicker Stiel stehen bleibt. Am unteren Ende der Ananas soll eine 3–4 cm dicke Scheibe bleiben.

2. Das Fruchtfleisch von der Schale lösen. Anschließend das Fruchtfleisch würfeln, einige Ananaswürfel auf die Insel legen, garnieren und zur weiteren Dekoration bereitstellen. Das restliche Fruchtfleisch kann in der Küche weiterverarbeitet werden.

# Ananas

Aufgrund ihrer Größe und optischen Schönheit wird die Ananas sehr oft als Blickfang für Büfetts oder größere Platten verwendet. Trotzdem sollte die Ananas nicht unbehandelt als Garnitur verwendet werden. Die Schale kann z. B. ohne größere Probleme dekorativ abgeschnitten werden. Verzehrfertig können die Schnitze vorbereitet werden und als optischer Blickfang kann man aus den Resten eine Insel herstellen. Das restliche Fruchtfleisch verwendet man dann für Salate oder als Dessert.

## Ananasschiffchen

1. Die Ananas in Schnitze schneiden.

2. Mit einem Messer das Fruchtfleisch von der Schale abschneiden.

3. Das Fruchtfleisch in Stücke schneiden und versetzt auf die Ananasschalen setzen.

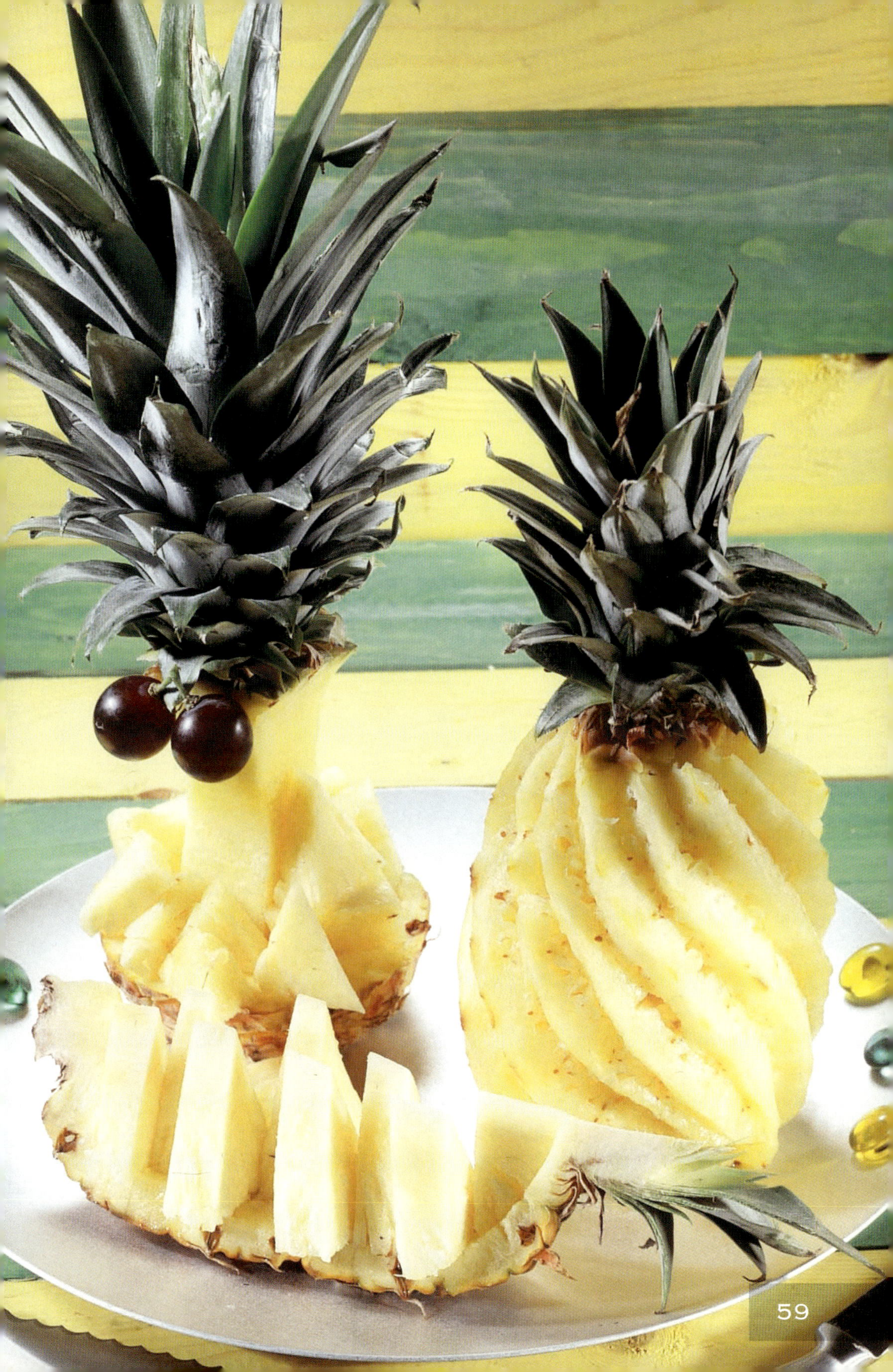

# Süße Früchte

Besonders dekorativ sind alle in Schokolade getauchten oder mit Schokolade verzierten Früchte. Für die Schokoladenfrüchte lässt man die Schokolade (Vollmilch- oder Blockschokolade) im Wasserbad vorsichtig schmelzen. Verwenden Sie für das Wasserbad immer einen Topf und eine passende, feuerfeste Schüssel. Dann wird der Topf mit Wasser gefüllt und das Wasser zum Kochen gebracht. Schalten Sie nun den Herd auf eine niedrigere Temperatur zurück und stellen Sie die Schüssel mit der geraspelten oder in feine Würfel geschnittenen Schokolade in den Topf. Jetzt kann die Schokolade unter ständigem Rühren geschmolzen werden.

## Fruchtspieß

1. Die Früchte nach Wahl vorbereiten und in Stücke schneiden.

2. Die Früchte abwechselnd auf Holzspießchen stecken und mit Zitronensaft beträufeln.

3. Die flüssige Schokolade in einen Spritzbeutel füllen und die Spießchen zickzackförmig damit überziehen, abtrocknen lassen und zur Dekoration verwenden.

61

# Schokotraube

1. Die Trauben verlesen, waschen und gut trocken tupfen.

2. Die Trauben auf ein Spießchen stecken, durch die Schokolade ziehen und traubenförmig auf einem Teller anrichten.

3. Wenn Sie die Traubenform aufgebaut haben, können Sie die Schokoladentraube mit Marzipanstielen garnieren.

# Schokostern

1. Kiwifrüchte schälen und vierteln. Die Erdbeeren verlesen, waschen und gut abtropfen lassen.

2. Die Kiwiecken durch die Schokolade ziehen und sternförmig auf einen Teller legen.

3. Die Erdbeeren mit der Spitze in die Schokolade tauchen, in die Mitte des Kiwisterns setzen und die Schokolade vollständig abtrocknen lassen.

# Zuckerfrüchte

1. Die Früchte je nach Art putzen, waschen, gut abtropfen lassen, schälen und in mundgerechte Stücke schneiden. Anschließend diese Stücke mit etwas Öl bestreichen.

2. Jetzt können Sie die Fruchtstücke in Zucker wenden und so zur Garnitur bereitlegen.

3. Einen besonders schönen Effekt erhalten Sie, wenn Sie die Früchte in buntem Zucker wenden.

# Zuckerblüten

1. Die Blüten kurz abschneiden und vorsichtig unter fließendem Wasser waschen. Gut abtropfen lassen und bereitstellen.

2. Die gut abgetropften Blüten leicht mit etwas Öl beträufeln.

3. Jetzt werden die Blüten mit weißem oder buntem Zucker bestreut und so zur Garnitur bereitgelegt.

# Register

| | | | | | |
|---|---|---|---|---|---|
| **A**nanas, geschälte | 57 | **M**äuschen | 36 | **Z**itronenkörbchen | 50 |
| Ananasinsel, fruchtige | 57 | Melonenkorb | 56 | Zitronenstern | 51 |
| Ananasschiffchen | 58 | Melonenschiffchen | 56 | Zucchiniblüte | 23 |
| Apfel, grün-roter | 46 | Melonenschüssel 54 | | Zucchinifächer, garnierter | 24 |
| Apfelkrone, geschnittene | 44 | | | Zucchinikörbchen | 23 |
| Apfelvogel, bunter | 46 | **O**rangenblüte | 48 | Zucchinikrone | 24 |
| | | Orangenkorb | 50 | Zucchinischiff | 26 |
| **B**lüten, rote | 38 | Orangenstern | 47 | Zucchinistern oder -krone | 28 |
| | | | | Zuckerblüten | 63 |
| **F**ruchtspieß | 60 | **R**ettich- oder Karottenblüte | 29 | Zuckerfrüchte | 63 |
| | | Rettichblüte | 35 | Zwiebelblüten | 42 |
| **G**urkenblüte | 20 | Rettichfächer | 35 | | |
| Gurkengirlande | 22 | Rettichrose | 34 | | |
| Gurkenkette | 22 | Rettichschlange | 34 | | |
| | | Rettichvase | 32 | | |
| **K**äfer, lustige | 38 | | | | |
| Karottenblüte I | 28 | **S**chokostern | 62 | | |
| Karottenblüte II | 29 | Schokotraube | 62 | | |
| Karottenbuchstaben | 30 | | | | |
| Kiwistern, einfacher | 47 | **T**omatenkäfer | 18 | | |
| | | Tomatenkorb | 14 | | |
| **L**auchblume | 40 | Tomatenkörbchen, gezacktes | 16 | | |
| Lauchbukett | 39 | Tomatenkrabbe | 15 | | |
| Lauchmännchen | 39 | Tomatenpilz | 12 | | |
| Limettenkörbchen | 52 | Tomatenrose | 14 | | |
| Limettenscheiben | 51 | Tomatenschmetterling | 15 | | |

© Copyright 2014

garant Verlag GmbH
Benzstraße 56
71272 Renningen
www.garant-verlag.de

ISBN 978-3-86766-638-1

Erfahren Sie mehr!